# 이선비, 혼례를 치르다

# 이선비, 혼례를 치르다

세계로 글 | 최현묵 그림

# 차례

열 살 적에 만난 울보 • 7
죽은 사람을 보내는 의례_**상례** • 18

고향에 들어서며 • 23
마을 사람들이 함께 지내는 제례_**마을 제사** • 34

아니 되옵니다, 아버님! • 39
성인이 되는 의례_**관례와 계례** • 46

꿀단지 규수 • 49
태어나서 처음 맞는 의례_**출산 의례·돌 의례** • 62

기회는 오늘뿐 • 67
조상들을 모시는 의례_**제례** • 82

다시 만난 울보 • 85

신랑이 와요 • 99
가장 경사스러운 의례_**혼례** • 116

세계로 선생님이 들려주는 관혼상제 이야기 • 118

## 나오는 사람들

### 이세로 (이선비)
좌충우돌 호기심 많은
조선 시대의 선비, 이세로.
아버님의 병환 소식을 듣고
고향으로 내려온 세로는
열 살 적에 만났던 진서와
우연히 재회하는데……,
과연 세로는 진서의 마음을 사로잡고
임금님이 부탁하신 서책도 찾을 수 있을까?

### 진서
세로의 마음속에 자리 잡은
첫사랑 꼬마 아가씨.
힘들고 불쌍한 백성들을
살뜰히 보살피는
착한 마음씨를 지녔으며,
총명하고 학식 또한 남다르다.
그런 진서가 매일 밤 세로를
따끔하게 혼내는 이유는 무엇일까?

### 정 진사
세로 아버지의 친구이자
진서의 아버지.
관직을 버리고 고향에 돌아와
가난한 백성들을 보살피는
생각이 깨어 있는 멋진 양반.
정 진사가 백성들을 위해 지었다는
책에는 어떤 내용이 담겨 있을까?

# 열 살 적에 만난 울보

　세로가 열 살 때의 일이었어요. 아버지와 세로는 어느 집 대문 앞에 서 있었어요.
　"아버지, 이곳에는 왜 오신 겁니까?"
　"세로야, 내 친구의 아내가 유명을 달리했다는구나."
　"유명을 달리하다니요?"
　세로는 그 말뜻을 몰랐어요.
　"돌아가셨다는 뜻이란다."

세로는 깜짝 놀라서 아버지를 쳐다보았어요. 낯선 대문 앞에서 세로는 처음으로 아버지의 슬픈 눈동자를 보았습니다.

"세로야, 지금부터는 말과 행동을 조심해야 한다. 약속할 수 있겠느냐?"

"예, 아버지."

세로는 어른스럽게 고개를 끄덕였어요.

아버지의 친구인 정 진사는 지붕 위에 올라가 있었어요. 죽은 아내의 저고리를 흔들며 아내를 부르고 있었습니다.

"서운 부인, 돌아오시오!"

집 안에 있던 모든 사람들이 하던 일을 멈추고 정 진사를 올려다보았어요. 유난히 아내를 소중히 했던 정 진사는 지붕 위에서 아내의 이름을 부르고 또 불렀어요. 정 진사가 다시 부인의 혼을 불렀어요.

"서운 부인, 복!"

이렇게 돌아가신 분의 영혼을 부르는 것을 초혼이라고 해요. 이때 외치는 '복'은 다시 돌아오라는 뜻으로, 돌아가신 분의 영혼에게 저승으로 가지 말고 다시 돌아오라고 부르는 것이지요. 혼이 돌아오면 다시 살아날 수도 있으니까요.

"에고, 내 마음이 다 찢어지네."

"어린 아기씨는 어쩌라고 눈을 감으셨을고……."

모여든 사람들이 나직이 한마디씩 했어요. 그러고는 옷고름으로 눈물을 찍어 냈습니다.

"아이고, 아기씨!"

한쪽에 서 있던 정 진사 댁 하인이 화들짝 놀라며 지붕 위를 향해 다급하게 손짓을 했어요. 작은 여자아이가 지붕 위에 올라가 있었어요. 눈 깜짝 할 새 일어난 일이었지요.

"어머니, 돌아오세요!"

아이는 힘껏 소리쳐 엄마를 불렀어요. 혼을 부르는 아이의 목

소리가 밤하늘을 가르며 멀리 퍼져 나갔어요. 하지만 그 소리는 하늘 저편으로 사라지고 말았지요.

"돌아오세요……, 어머니."

어린 딸이 목 놓아 엄마를 부르는 모습에 모여 있던 사람들이 울음을 삼켰어요. 초혼을 할 때 울어서는 안 되니까요.

"어머니-!"

한참을 어두운 하늘을 바라보던 여자아이는 급기야 울음을 터트렸습니다. 사람들은 보다 못해 고개를 돌렸고, 아낙들은 주저앉아 울음을 쏟아 냈어요.

"엉엉!"

세로도 울었어요. 눈물인지 콧물인지 자꾸만 흘러내렸어요. 세로의 아버지는 고개를 돌려 먼 하늘만 쳐다보았습니다.

밤하늘에는 별들이 총총하건만, 이곳에는 슬픔이 무겁게 내려앉아 있었습니다.

다음 날 아침, 세로는 일찍부터 집 안 이곳저곳을 기웃거리고 있었어요.

"우리 세로, 의젓하게 있어야 한다."

아버지의 당부가 있었지만, 열 살 세로에게 가만히 있는 건 정말 어려운 일이었어요.

하인들이 돗자리며 상을 옮기고, 동네 아낙들이 하나둘 모여 음식 준비를 시작했어요. 장례를 준비하는 사람들로 북적이던 집 안에 하나둘 손님들이 찾아왔습니다.

'지붕에 올라갔던 그 꼬마는 무얼 하고 있을까?'

세로는 어젯밤 울던 여자아이를 찾아 안채를 기웃거렸어요. 마침 떡시루를 살피던 아낙들이 하는 말이 들렸어요.

"아기씨는 어디 가셨대?"

"후원에서 울고 계시겠지."

세로는 아낙들 앞을 지나가면서 슬쩍 떡 하나를 챙겼어요.

'그렇게 울고도 아직 눈물이 남은 걸까? 이 떡을 주고 달래 봐야지.'

생각하며 후원으로 갔어요.

후원 안쪽에서 훌쩍거리는 소리가 새어 나왔어요. 크고 빨간 작약 사이로 작고 까만 머리가 보였습니다.

세로가 인기척을 내며 다가가자 꼬마는 얼른 눈물을 닦았어요. 빨간 꽃 사이에 있는 꼬마의 하얀 얼굴이 환한 아침햇살을 받아 반짝거렸어요. 세로는 그 모습을 뚫어지게 바라보았어요.

"이거 먹어."

세로가 다가가 떡을 내밀었어요. 떡을 본 꼬마는 무릎에 얼굴을 묻고 어깨를 들썩거렸어요. 다시 울음을 쏟아 냈지요.

세로는 무슨 수를 내야겠다고 생각했어요.

"개구리 본 적 있어? 내가 개구리 소리 내 볼까? 개굴, 개굴 개굴!"

"……."

"그럼, 매미 소리 내 볼까? 맴맴맴맴! 어때, 진짜 같지?"

어느새 꼬마는 눈물을 멈추고 세로를 물끄러미 바라보았어요.

"그렇다면 이건 어때?"

세로는 개구리처럼 폴짝폴짝 뜀을 뛰었어요.

"개구리랑 똑같지?"

다시 한 번 뜀을 뛰려고 할 때였어요.

"뿌우웅!"

그만 방귀가 나오고 말았어요. 세로는 부끄러워서 얼굴이 새

빨개졌어요. 그런 세로를 보고 꼬마가 피식 웃었어요. 뽀얀 얼굴이 햇살처럼 반짝거렸습니다.

"아, 웃었네. 웃으니까 예쁘다!"

"아기씨!"

그때 안채에서 꼬마를 찾는 소리가 들렸어요.

여자아이는 사뿐사뿐 달려 안채 쪽으로 사라졌어요.

"이름도 못 물었는데……."

# 상례 忌中

부모님이나 형제, 친척 등 가까운 사람이 돌아가시면 그 가족들은 '상을 당했다' 또는 '상중에 있다' 라고 말하며, 이때 치르는 절차를 '상례' 라고 합니다. 상을 당한 가족들은 큰 슬픔을 겪기 때문에 상례는 엄숙한 분위기에서 진행되고, 절차도 매우 복잡했습니다. 예로부터 우리의 조상들은 부모님께 효도하는 것을 아주 중요한 도리로 여겼어요. 상례를 치르는 것도 효도의 연장이라고 생각해 정성을 다해서 상례를 치렀습니다.

## ◆ 수의와 상복

수의는 죽은 사람에게 입히는 옷으로, '죽음 옷' 또는 '저승 옷' 이라고도 불렀습니다. 고인이 이승에서 입는 마지막 옷이자 저승에 가져갈 옷이기 때문에 되도록 좋은 것으로 잘 갖추어 드리는 것이 예의였습니다. 수의는 보통 부모님이 살아 계실 때 미리 준비해 두는데, 무슨 일을 해도 해가 없다는 윤달에 만들었어요. 윤달에 수의를 장만하면 부모님이 아프지 않고 오래 살고, 자식들도 복을 받는다고 믿었기 때문이에요. 옷감은 빨리 썩는 것이 좋다고 하여 민가에서는 모시나 삼베를 많이 사용했습니다.

상복은 가족들이 돌아가신 분을 애도하는 의미로 입는 옷이에요. 슬픔과 근신의 의미를 담고 있기 때문에 삼베로 만든 거칠고 허름한 옷을 입었습니다. 거친 삼베옷에 짚으로 만든 새끼줄을 두르는 이유는 부모를 잃은 죄인이라 몸을 묶는다는 뜻이에요.

상복은 부모님과 시부모님처럼 가까운 관계일수록 질이 나쁜 옷을 입었어요. 그래서 돌아가신 분과의 관계에 따라 옷

을 짓는 삼베의 재질이 달랐는데, 그 종류가 다섯 가지나 있었습니다. 옷만 봐도 돌아가신 분과 상에 참석한 사람의 관계를 알 수 있었지요.

### ◆ 상여

상여는 죽은 사람을 묘지까지 운반하는 데 쓰이는 기구입니다. 조선 시대 양반의 상여는 검소한 편이었지만 평민의 상여는 화려하게 장식했어요. 이렇게 화려한 상여를 '꽃상여'라고도 불렀습니다. 마지막 가는 길에서나마 살아서 누리지 못했던 귀한 대접을 받으라는 뜻으로 크고 화려하게 만들었다고 합니다.

상여는 마을마다 한 틀씩 있어서 공동으로 썼는데, 동네에서 조금 떨어진 곳에 상여집을 짓고 그곳에 보관했습니다.

꽃상여에 그런 뜻이 있었구나!

### ◆ 상례를 치르는 절차

상례를 치르는 과정은 매우 복잡합니다. 크게는 시신을 수습하고 입관하고, 조문객을 맞이한 뒤 관을 무덤에 묻는 방식인데, 무덤에 시신이 묻힌 이후에도 시기별로 제사를 드렸습니다. 이러한 절차는 3년 정도가 걸렸습니다.

### 초혼

사람이 죽었을 때 그 혼을 소리쳐 부르는 것을 '초혼'이라고 해요. 죽은 사람이 살았을 때 입던 윗옷을 가지고 지붕에 올라서거나 마당에 서서, 왼손에는 옷, 오른손으로는 허리를 잡고 북쪽을 향해 죽은 사람의 주소·관직명·성명 등을 부른 뒤 "복, 복, 복!"을 세 번 외쳤습니다. 이때 외치는 '복'이란 다시 돌아오라는 말로, 죽은 영혼이 북쪽으로 더 멀리 떠나기 전에 돌아오라는 뜻입니다. 초혼을 할 때는 가족들이 울음을 그치고 죽은 영혼이 돌아오기를 간절히 기다렸습니다.

### 사잣밥

옛날 사람들은 사람이 죽으면 저승사자가 영혼을 데리고 간다고 생각해서 저승사자를 위해 사잣밥을 차렸습니다. 사잣밥에는 밥, 물, 짚신, 돈, 명태 등이 각각 세 개씩 놓였습니다. 먼 길 떠나기에 앞서 든든히 밥을 먹고, 저승 가는 먼 길에 새 신으로 갈아 신으며, 돈으로 노자를 하라는 뜻이었습니다. 각각 세 개씩 준비하는 것은 저승사자가 세 명이라고 생각했기 때문입니다.

### 염습

죽은 사람의 몸을 잘 닦아서 수의를 입히고 관에 넣는 과정을 '염습'이라고 합니다. 시신을 닦을 때는 향물이나 쑥 삶은 물을 사용했습니다. 시신의 머리카락과 조금씩 깎아낸 손톱·발톱은 준비한 조발낭이라는 주머니에 넣어 나중에 관 속에 같이 넣었습니다.

### 성복

사람이 죽은 다음 나흘째 되는 날에는 죽은 사람과 가깝고 먼 친척 관계에 있는 사람들이 상복을 입는데, 이를 '성복'이라고 합니다. 시신은 관에 넣어 빈소에 옮겨 두고, 상복을 입은 가족들이 빈소에서 문상객들을 맞았습니다.

### 발인

묏자리가 준비되면 시신이 든 관을 상여로 옮겼습니다. 상여가 집을 떠나 장지로 가는 것을 '발인'이라고 하는데, 상여가 출발하여 죽은 사람의 친구집 등을 지날 때는 상여를 멈추게 하고 노제를 지냈습니다.

### 삼년상

옛날에는 부모님이 돌아가시면 3년 동안 상복을 입고 슬퍼했습니다. 이를 '삼년상'이라고 했는데, 3년이라는 기간은 자식이 태어나 젖먹이 3년 동안 부모님의 품 안에서 보살핌을 받은 데에서 유래했다고 합니다. 삼년상이 끝나면 탈상이라 하여 상복을 벗고 흰 갓, 흰 신으로 바꾸어 입고 제사를 지냈습니다.

# 고향에 들어서며

"도련님! 일어나세유! 이 고개만 넘으면 고향이에유."

돌쇠가 세로를 흔들어 깨웠어요.

"응?"

세로는 얼굴을 부비며 잠에서 깼어요. 잠깐 눈만 붙인다는 것이 그만 잠이 들었던 모양이에요.

"도련님하고 신 목수가 티격태격한 것이 엊그제 같은디, 이렇게 고향에도 오고, 감회가 새롭네유."

"그래. 너도 고생이 많았지."

과거에 급제하고 수인재를 완성하기까지 그간의 일들이 주마등처럼 스쳐 갔습니다.

임금님의 명을 받들어 수인재를 완성한 뒤 집으로 돌아왔을 때, 뜻밖의 편지가 세로를 기다리고 있었어요. 그것도 두 통이나요.

하나는 임금님이 보내신 것이었어요.

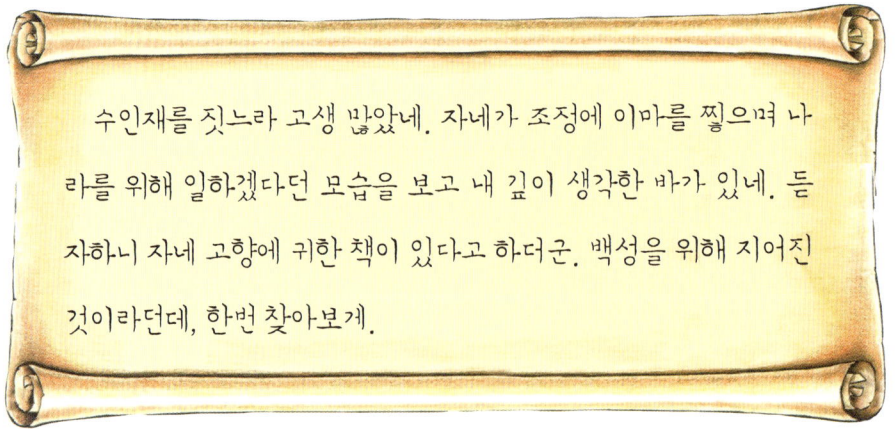

수인재를 짓느라 고생 많았네. 자네가 조정에 이마를 찧으며 나라를 위해 일하겠다던 모습을 보고 내 깊이 생각한 바가 있네. 듣자하니 자네 고향에 귀한 책이 있다고 하더군. 백성을 위해 지어진 것이라던데, 한번 찾아보게.

나머지 한 통은 고향에서 어머님이 보내신 편지였습니다.

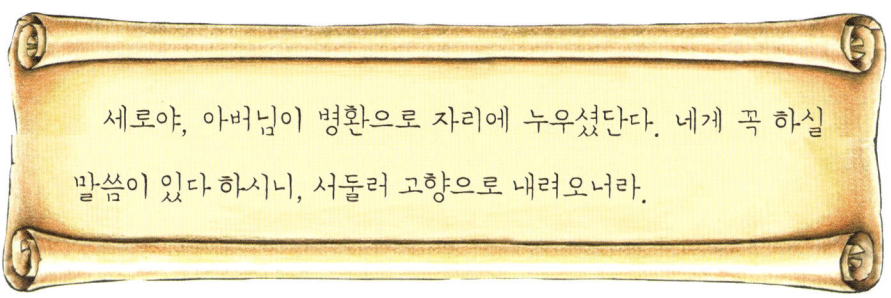

세로야, 아버님이 병환으로 자리에 누우셨단다. 네게 꼭 하실 말씀이 있다 하시니, 서둘러 고향으로 내려오너라.

세로와 돌쇠는 바로 짐을 챙겨 길을 떠났어요. 세로가 어찌나 서두르는지 이틀 갈 거리를 하루 만에 가고, 사흘 거리를 이틀에 닿기도 하였지요. 그렇게 서두르다 보니 벌써 고향이 눈앞이었어요.

대체 무슨 책이기에 임금님께서 꼭 찾아보라고 하신 걸까요, 아버님은 병환이 얼마나 깊으신 걸까요? 두 가지 궁금증은 고향에 도착하면 모두 풀릴 거예요.

세로는 자리를 털고 일어났어요.

"꽹, 꽹!"

"돌쇠야, 저게 무슨 소리냐?"

마을 어귀에 접어들자, 흥겨운 풍물패 소리가 들려왔어요.

"꽹과리 소리 아닌감유? 오늘이 마을 제사날인가 봐유. 어서 가 봐유."

"그래?"

매년 이맘때 세로네 동네에서는 마을 제사를 지냅니다. 마을 제사는 조용하고 엄숙한 분위기가 아니라 잔치처럼 흥겹게 치러져요. 마을 제사가 벌어지는 날에는 아픈 병자들도, 농사에 지친 사람들도 희망에 차요. 제사를 통해 나쁜 것은 물리치고 복을 불러들이기 때문이지요.

'나도 소원을 빌어야겠다!'

세로는 발길을 재촉했어요.

마을은 신명 나는 꽹과리, 징, 장구 소리로 시끌시끌했어요.

집집마다 액을 막고 올해 농사가 풍년이 되기를 기원하는 소리였지요. 꽹과리를 앞세운 풍물패가 마을을 돌면서 흥겨운 장단을 펼쳐 놓으면 사람들은 그 장단에 맞춰 덩실덩실 한바탕 춤판을 벌였습니다.

돌쇠와 세로는 서낭당 앞에서 걸음을 멈추었어요. 마을 제사 날, 사람들은 서낭당에 모여 간절한 마음을 담아 소원을 빌었어요. 서낭당에는 벌써부터 많은 사람들이 모여 있었습니다.

"신령님, 우리 가족 무병장수하게 도와주십시오."

"아들 하나만 점지해 주시옵소서."

"부디 풍년이 들어 배곯지 않도록 해 주세요."

세로도 서낭당에 돌을 두 개 얹었어요. 그리고 두 손을 모았어요.

'아버님의 병을 낫게 해 주시고, 임금님이 말씀하신 책도 꼭 찾을 수 있도록 도와주세요.'

"여기가 서당이었는데……?"

그때, 서당 방문이 벌컥 열리더니 한 아이가 뛰어나왔어요. 작은 단지를 끌어안고 잽싸게 뛰어나오는 것이 도망치는 모양이었어요.

세로와 돌쇠는 무슨 일이 벌어지나 지켜보았어요.

아이가 막 싸리문을 나서려고 하던 순간이었어요. 문 앞을 지나던 한 규수가 발을 쑤욱 내밀었어요. 아이는 그 발에 걸려 확 고꾸라지고 말았습니다.

"아이쿠!"

넘어지는 찰나에 규수가 꿀단지를 아슬아슬하게 받아 내었어요. 스르르 장옷이 벗겨지고 빨간 장옷에 가려졌던 뽀얀 얼굴이 드러났습니다. 햇살처럼 환하게 빛나는 얼굴이었어요. 저렇게 빛나는 얼굴이 있나 싶어서 세로는 넋을 놓고 쳐다보았습니다.

"아이고, 무릎이야."

넘어졌던 아이가 무릎을 문지르며 돌아보았어요.

"아가씨!"

아이는 규수를 보고는 깜짝 놀랐어요. 규수는 그런 아이를 보며 싱긋 웃었어요.

"공부에 힘쓸 시간에 어딜 도망가는 게야? 훈장님께서 양반이건 평민이건 아이들은 공부를 해야 한다 하셨거늘!"

규수는 아이의 엉덩이를 발로 차서 다시 서당 안으로 밀어 넣었어요. 아이는 엄살을 떨면서도 말대답을 잊지 않았어요.

"저 같은 가난뱅이한테 글공부가 무슨 소용이라고 자꾸 그러세요!"

아이는 혀를 내밀어 메롱 하고는 냉큼 서당으로 들어갔어요.

그 모습을 지켜보던 세로가 피식 웃었어요.

"보아하니 훈장님 댁 규수인 모양이군."

돌쇠는 입을 헤 벌리고 말했어요.

"꽃처럼 이쁘시네유……."

"예쁘긴! 영락없는 말괄량이인걸……."

그때 규수가 돌쇠와 세로가 있는 쪽을 보았어요. 당황한 세로와 돌쇠는 고개를 홱 돌렸어요. 흠흠 헛기침을 하며 땅바닥만 쳐다보았습니다.

규수는 꿀단지를 안고 걷기 시작했어요. 세로는 다시금 규수를 찬찬히 훑어보았어요. 규수는 꿀단지와 서책을 안고 벌써 저만치 가고 있었습니다. 그리고 모퉁이를 돌았어요.

'어디서 본 듯한데……. 어디서 보았더라?'

기억이 날 듯 말 듯 가물가물했어요.

"돌쇠야, 너도 봤니? 저 규수가 들고 있던 책……?"

세로는 골똘히 생각했어요. 규수의 갸름한 얼굴과 가느다란 손, 꿀단지와 함께 팔에 끼고 있던 책, 그리고 그 표지에 쓰여 있던 글자…….

"혜……민? 백성을 위한다는 뜻인데……, 그렇다면 혹시 임금님이 말씀하신 바로 그 책인가?"

세로는 다시 한 번 규수가 사라진 쪽을 살펴보았어요.

"아닐 거야, 설마……."

마을 제사는 마을의 조상신이나 수호신에게 마을의 안녕과 풍요를 비는 제사예요. 질병과 재앙을 막고, 농촌에서는 풍작을 기원하며, 어촌에서는 고기가 잘 잡히게 해 달라고 빌지요. 정월 초하루에서 정월 대보름 사이에 많이 지내는데, 지역마다 시기는 조금씩 달랐습니다.

### ◆ 마을 제사의 종류

#### 기우제

가뭄이 들었을 때 비가 내리기를 비는 제사입니다. 예로부터 우리나라는 농업을 기본으로 삼아서 물을 아주 중요하게 여겼습니다. 특히 벼농사에는 적당한 비가 필요한데, 우리나라의 기후는 장마철에 집중적으로 비가 내리고 그 뒤에는 가뭄이 계속되는 일이 잦았어요.

농민의 삶을 결정하는 것이 농사이고, 그 농사를 좌우하는 것이 바로 비였기 때문에 기우제에는 가능한 모든 방법이 동원되었습니다. 기록에는 왕이 직접 제사를 지냈다는 내용도 있고, 용을 그려서 비가 내리도록 빌기도 했습니다.

#### 산신제

마을의 수호신으로 믿는 산신에게 마을 사람들의 안녕과 풍요를 기원하기 위해 지내는 마을 제사입니다. 산신제는 예로부터 이름난 산과 산악 지대 또는 산과 가까운 마을들에서

행해졌습니다. 《삼국유사》의 내용 중에 "단군은 아사달로 돌아와 산신이 되었다."는 기록에서 알 수 있듯이, 산을 수호신으로 여기는 것은 우리 민족에게 아주 오래된 풍습이었어요. 마을 사람들은 신성하게 여기는 장소에 정성껏 준비한 음식을 차려 놓고 의식을 치른 뒤, 제사가 끝나면 모두 함께 어울려 흥겨운 놀이판을 벌이고 음식을 나누어 먹었습니다.

### 풍어제

풍어제는 어부들이 무사히 고기를 많이 잡아 오고, 마을이 평안하기를 기원하는 마을 제사입니다. 농촌에서 풍년을 기원하는 것처럼 어촌에서 풍어를 비는 것은 매우 중요한 의식이있습니다. 농촌과 달리 바다에서의 고기잡이는 목숨을 잃을 수도 있는 위험한 일이기에 신앙적인 믿음이 높았으며, 아직도 바닷가에서는 지역마다 많은 신들을 모시고 있습니다. 땅이나 배 위  에서 춤과 노래를 곁들인 굿을 하며 마을 주민들도 축제에 참여합니다. 마을을 돌면서 굿하기, 용왕 신에게 제물 바치는 굿하기, 띠배 띄우기 등의 행사를 합니다.

### 탑신제

음력 정월 3일이나 15일에 마을의 탑신에게 드리던 제사를 말합니다. 옛날에는 흔히 마을 입구에 돌을 쌓아 만든 탑을 만들고, 이를 수호신으로 삼아 '탑신'이라고 불렀습니다. 사람들은 이곳에 모여 농악을 연주하고 춤을 추면서 제사를 올려 탑신을 위로하고, 새해에도 마을을 평안하게 지켜 주기를 빌었습니다.

## ◆ 각 지역의 마을 제사

### 은산 별신제

충청남도 부여군 은산면 은산리에서 3년마다 열리는 마을 제사로, 백제 군사들의 넋을 위로하고 마을의 풍요와 평화를 빌었어요. 보통 1월이나 2월에 열리며, 15일 동안 약 100명의 인원이 참가합니다.

은산 별신제는 풍물패가 마을을 돌면서 나쁜 기운을 없애는 굿으로 시작합니다. 그리고 병사들의 행군이 이어지고, 장승을 만들 나무 자르기, 제단에 놓을 꽃을 받는 행사가 진행됩니다. 꽃과 음식을 제단에 올리고 제사를 지낸 다음 마을의 복을 점치고, 마을의 번영을 위해 거리제를 연 뒤에 마을 동서남북에 장승을 세우는 것으로 끝이 납니다.

### 동해안 별신굿

부산 동래에서 강원도 고성군에 이르는 남부 동해안 일대에서 정기적으로 행하는 마을굿이에요. 풍어제·풍어굿·골매기당제 등으로 불리며, 이 지역에는 마을마다 골매기당이라는 마을 수호신을 모신 사당이 있습니다. 마을 주민들은 마을의 풍요와 다산(자식을 많이 낳음), 안녕을 기원하기 위하여 1년 혹은 2, 3년마다 한 차례씩 이 골매기신에게 제사를 지내요. 이 별신굿은 내륙 지방의 마을 제례와는 달리 이 지역의 세습무(조상 대대로 무당의 신분을 이어받아 무당이 된 사람)들이 의식을 진행합니다.

### 대관령 산신제

매년 음력 4월 15일, 강릉 대관령 지역에서 김유신 장군을 산신으로 모시고 지내는 제사입니다. 신라 시대의 명장 김유신이 명주(지금의 강릉)에서 검술을 배워 삼국을 통일하고 강릉을 수호하는 신으로 모셔지면서 시작되었어요. 허균의 《성소부부고》라는 책에 대관령 산신제가 강릉 단오제의 시작이었다는 기록이 있어요. 제사는 유교식으로 진행되고, 제사가 끝나면 참가한 사람들이 모여 제사 음식을 나누어 먹습니다.

## ◆ 마을 제사의 의의

마을 제사는 신앙적인 의의가 있어요. 지역마다 자연환경과 생활 모습에 따라 마을 제사를 치르는 모습이 다르다고는 하나, 어느 곳이나 마을의 안녕과 풍요를 비는 것은 같았습니다.

또한 마을 제사는 구성원들을 하나로 묶어 주는 역할을 하기도 합니다. 제사는 마을의 수호신이나 조상신께 지내는데, 이때 마을 사람들이 함께 부정한 일을 가리며 금기를 지키면서 함께 잘 되기를 빕니다. 금기를 어기면 부정이 들어 병이 돌고 마을이 피해를 입는다고 여겼습니다.

# 아니 되옵니다, 아버님!

집에 도착한 세로는 아버지가 계신 사랑으로 들었어요. 아버님은 금방이라도 돌아가실 것처럼 초췌했어요.

"아버님! 어찌 된 일입니까? 의원은 다녀갔습니까?"

"나는 괜찮다……."

아버지는 꺼져 가는 목소리로 겨우 입을 여셨습니다.

"아버님."

아버지는 주르륵 눈물을 흘리셨어요.

'이렇게 약해지시다니. 아버님이 이 지경이 되실 때까지 자식인 나는 무얼 했단 말인가!'

부모님께 큰 불효를 저지른 것 같아 세로는 마음이 무너지는 듯했어요.

"세로야, 저승에 가서 네 할머님을 뵐 면목이 없구나."

"아버님, 갑자기 그게 무슨 말씀이세요."

아버지의 말씀에 세로는 깜짝 놀랐어요.

"네가 관례를 치르던 날, 할머님과 약속한 걸 잊었느냐."

"약속이오?"

"관례를 치르고 삼 년이 되는 해에 혼인을 한다 하지 않았느냐. 그러니 고향에 온 김에 혼인을 치르는 것이 어떠냐……."

세로는 가슴이 철렁했어요.

"갑자기 혼인이라니요?"

"어른이 되었으니 응당 혼인을 해야지."

"허나……."

세로는 상투를 틀고 갓을 썼던 그날이 떠올랐어요. 도포를 입게 된 것이 너무 좋아서, "이제 나도 어른이다!" 소리치며 집 안 여기저기를 뛰어다녔지요. 그러는 바람에 어른들은 먹던 떡이 목에 걸려 컥컥거렸고, 어머니는 어른들께 인사를 하다 말고 털썩 주저앉으셨어요.

세로는 그날, 할머님과 한 가지 약속을 했습니다. 관례를 치르고 삼 년이 되는 해에 혼인을 하겠다고 말이지요.

"허나 그동안 제가 몹시 바빠서……. 과거에 급제도 하고 목수도 찾아다니느라 정신이 없었습니다."

"그러니 서두를 때가 온 것이지. 네가 혼인을 하고 자식을 낳아야 우리 가문의 앞날이 바로 서지 않겠느냐."

세로는 뭐라고 답해야 할지 막막했습니다. 모두 지당한 말씀이니까요.

"하지만 저는 궁금한 게 너무 많습니다. 앞으로 나라를 위해 할 일도 많고…….."

"뭣이라? 그래서 이 애비 말을 거역하는 게냐? 컥억, 컥!"

아버지는 한참 기침을 하다 자리에 누우셨어요.

세로는 울상이 되어 사랑을 나왔어요. 밖에서 기다리고 있던 돌쇠가 세로에게 슬쩍 물었습니다.

"나리가 편찮으신 게 다 도련님 때문이구먼유?"

"무슨 소리! 나와 가문의 앞날을 걱정하셔서 그런 게지!"

'큰 병환은 아닌 듯도 하고……. 내가 혼인만 하면 나으시려나? 아니, 아니지. 내가 혼인을 해야 하잖아? 그건 안 돼.'

세로는 머릿속이 복잡했습니다.

"도련님, 그냥 혼인하세유."

"정해진 혼인은 내키지 않는다! 가자, 임금님께서 말씀하신 책을 찾아봐야겠다."

세로와 돌쇠는 다시 마을로 향했어요. 걷다 보니 어제 말괄량이 규수를 만났던 그 서당 앞이었어요.

'여기서 기다리면 만날 수 있을까?'

그런 생각을 하고 있을 때였어요.

거짓말같이 그 규수가 눈앞에 나타났어요. 돌쇠가 먼저 알아보았지요.

"어제 그 꿀단지 아가씨……?"

"쉿!"

세로도 규수를 알아보았어요.

"아이고, 아가씨. 어쩌면 좋아요!"

"한시가 급하니 어서 가세."

무슨 일인지 규수와 아낙은 무척 급해 보였어요.

"아이고, 이러다 큰일이라도 나면 어쩌지요?"

규수를 뒤따르는 아낙은 울먹였어요. 그러자 규수가 아낙의 손을 단단히 잡으며 말했어요.

"사람의 목숨은 하늘에 달린 것이나, 끝까지 최선을 다해야 하늘이 돕는다네."

규수는 아낙의 눈물을 닦아 주고는 발걸음을 재촉했습니다.

"돌쇠야, 우리도 가 보자꾸나."

세로와 돌쇠도 바삐 뒤를 따랐어요.

# 관례와 계례

## 관례

관례는 성인으로서 권리와 의무를 부여받는 중요한 행사였어요. 관례를 치르는 사람에게는 사회 구성원으로서의 책임과 의무를 다해야 하는 성인이라는 사실을 알게 하고, 밖으로는 맡은 바 일을 스스로 할 수 있는 성인이 되었음을 알리는 의례였지요. 관례를 치르면 완전한 어른으로 인정받아 혼인도 할 수 있고, 집안의 중요한 일을 논의할 자격이 주어지며, 조상의 제사도 모실 수 있었어요.

### 🔷 관례

관례는 15세에서 20세 사이에 치르는데, 관례를 올리지 않은 남자는 나이가 많아도 어른으로 대접받지 못했어요. 관례는 일정한 나이에 누구나 치르는 행사가 아니고, 몸과 마음이 얼마나 성숙했느냐에 따라 각 가정에서 관례를 올리는 시기를 정했습니다.

관례 때에는 가족과 친척들을 초대했어요. 관례를 올린다는 것은 이제 어린아이가 아니라 중요한 가족 구성원이 되어 집안의 크고 작은 일에 책임을 지고, 더 나아

**〈삼가례 절차〉**

평소 입던 옷을 입고 땋아 내렸던 머리를 풀어서 상투를 틀고 복건을 써요.

외출복으로 갈아입고 갓을 써요.

벼슬아치가 입는 관복을 입고 복두를 써요.

가 가족을 위해 줄곧 노력해야 한다는 것을 의미하니까요.

　관례에서 가장 중요한 의식은 삼가례와 자관자례예요. 삼가례는 세 차례로 나누어 어른의 옷으로 갈아입는 의식이고, 자관자례는 관례를 올리는 사람에게 새 이름을 지어 주는 것이에요. 삼가례가 끝나면 술 마시는 예절을 배우는데, 이를 초례라고 합니다. 그런 뒤에 관례를 올리는 사람에게 새로 이름을 지어 주지요. 관례가 모두 끝나면 아버지를 따라 조상님께 인사드리러 사당에 갔어요.

◆ **계례**

　양반 여자들의 성인식인 계례는 땋은 머리를 풀고 쪽을 지어 비녀를 꽂는 의식이에요. 혼인을 정하거나 15세가 되면 계례를 치렀는데, 계례에서 '계'는 비녀를 뜻하는 말이에요. 계례는 어머니가 맡아서 진행하고, 계례를 치르기 사흘 전에는 예절을 잘 아는 부인을 주례로 정했어요.

　의식을 치르는 날, 계례를 올리는 여자는 머리를 땋아 늘어뜨린 채 부인의 평상복인 삼자를 입고 방에서 나와요. 시중을 드는 여자가 계례를 치르는 사람의 머리를 풀어서 빗기고 올려서 쪽을 지면 주례가 비녀를 꽂아 줍니다. 그런 다음 어른이 된 것을 축하하는 글을 읽어 주고, 계례를 치르는 사람에게 저고리 위에 덧입는 옷인 배자를 입혀요. 이런 의식이 끝나면 술 마시는 예절을 가르치는 초례를 하고, 주례가 계례를 치르는 사람에게 새 이름인 자를 지어 줍니다. 그 뒤 계례를 치르는 사람이 어머니와 함께 사당에 가서 조상들을 뵙고, 참석한 어른들께 인사를 올리면 모든 절차가 끝납니다.

# 꿀단지 규수

모퉁이를 돌아서자, 작은 초가가 보였어요. 마당에 사람들이 모여 있었습니다. 규수가 서둘러 방으로 들어가고, 나이 지긋한 양반이 그 뒤를 따라 들어갔어요.

세로와 돌쇠는 싸리울 가까이 다가가 안을 살폈어요. 문밖으로 여인의 신음소리가 새어 나왔어요. 산모가 아이를 낳는 모양이었어요.

"아기가 왜 안 나오나?"

"저러다가 산모까지 위험하겠어."

"진사 어른이라면 어떻게든 방법을 찾으시겠지. 우리에겐 훈장님이고 의원님이고 아버지시니까."

마을 사람들이 이토록 믿고 따르는 사람은 바로 세로 아버지의 친구인 정 진사였어요.

"아기가 빨리 나와야 할 텐데……."

"하늘이 도울 거야. 아가씨가 그 책도 가져오셨잖어."

오랜 산통에도 아기가 나오지 않아 모두들 걱정이 태산이었습니다.

'대체 어떤 책이기에 위급한 상황에 필요한 것일까? 정말 아기와 산모가 무사할 수 있을까?'

세로는 조마조마했어요. 아이를 낳다 죽었다는 산모의 이야기는 익히 들어 알고 있기 때문이었지요. 밖에 서 있는 사람들 모두 방 안에서 일어나는 일에 귀를 기울이고 있었어요.

방 안에는 기진맥진한 산모가 누워 있고, 그 옆에서 산파가 정성을 다하고 있었어요. 산모를 등지고 앉은 정 진사가 식은땀을 흘리며 열심히 책을 살펴보고 있었어요.

정 진사가 나직하게 규수에게 말했어요.

"진서야, 그 그림이 어디 있었지?"

진서는 책을 뒤적여서 그림과 설명이 가득한 곳을 펼쳤어요. 책을 보며 한참을 고민하던 정 진사가 산파에게 말했어요.

"할멈, 이리 와 보게."

정 진사가 마을 산파인 할멈에게 차근차근 과정을 설명했어요. 산모의 배에서 진통이 시작되는 지점을 누르면 출산을 도울 수 있다는 것이었어요.

"배가 조여 올 때 누르는 거라네. 알겠는가?"

산파는 고개를 끄덕였어요.

산파 할멈은 다시 자리를 잡고 산모의 진통이 시작되기를 기다렸어요. 산모의 늑골 근처를 더듬다가 배가 조여 오는 순간 힘껏 배를 눌렀습니다. 그렇게 누르기를 서너 번 거듭했을 때였어요.

"으앙, 으앙!"

방 안팎에 모여 있던 사람들의 간절한 바람이 하늘에 닿은 것일까요? 우렁찬 울음을 터뜨리며 아기가 태어났어요. 산파 할멈이 가늘게 떨리는 손으로 아기를 받았어요. 다행히 아기는 건강한 모습이었습니다.

울음소리를 듣고 밖에서도 안도의 한숨이 터졌어요.

"됐네, 됐어!"

"살았어, 살았다고!"

아기 울음소리가 싸리울까지 들렸어요. 세로와 돌쇠도 얼싸안고 기뻐했습니다.

"복만 아범! 아들일세, 아들이야!"

산파가 큰 소리로 밖에 알렸어요. 문밖에서 안절부절못하던 남편은 눈물을 글썽였어요.

한시름 놓은 이웃들은 서둘러 일을 나누기 시작했어요.

"숯하고 고추 어딨어? 금줄을 칠 테니 이 근처엔 얼씬도 하지들 말어."

"미역국은 잘 끓고 있나? 고생한 애기엄마 먹여야지."

잠시 뒤 이마에 흐른 땀을 닦으며 정 진사가 밖으로 나왔어요. 밖에 섰던 남편이 정 진사에게 넙죽 절을 했습니다.

"나리, 정말 고맙습니다. 이 은혜를 어찌 갚아야 할지요."

"은혜는 무슨 은혜. 마땅히 도와야 할 일이네. 힘들게 세상에 나온 생명이니 더욱 귀하게 키우게나."

휘적휘적 도포자락을 날리며 정 진사는 집을 나섰어요. 빨간 장옷을 두른 규수가 그 뒤를 따랐어요. 책 한 권을 소중히 품고 말이에요.

"후유, 대체 저 책에는 무엇이 담겨 있단 말이냐."

세로는 새삼 궁금증이 일었어요.

"후유, 저 아씨는 꽃처럼 이쁘네유. 선녀가 따로 없네유."

세로는 돌쇠 이마에 알밤을 먹였어요. 하지만 볼이 빨갛게 상기되어 문밖으로 나오던 규수의 얼굴을 떠올리자, 갑자기 세로의 가슴도 쿵쿵 뛰었습니다.

세로는 얼른 규수와 정 진사가 나간 쪽으로 발을 떼었어요. 그러자 돌쇠가 조용히 세로를 붙잡았어요.

"나리 마님이 누워 계신데 이리 돌아댕기셔도 되남유?"

"저 책이 임금님이 찾으시던 그 책이 아닐까 싶구나. 확인해 봐야겠다."

"책이 보고 싶은 거예유, 아님 저 아씨가 보고 싶은 거래유? 얼른 집으로 가셔유. 집에서 기다리시잖여유."

돌쇠의 고집에 못 이겨 세로는 집으로 돌아왔어요.

"종일 어딜 다녀온 게야?"

어머니는 누워 계신 아버지의 이마에 수건을 얹으며 말씀하셨어요.

"아버님은 어떠신가요?"

"이제 막 잠드셨단다. 하루 종일 너를 기다리셨어."

"죄송합니다, 어머님."

세로는 누워 계신 아버지를 보자 또 마음이 짠해졌어요.

"아버님이 이렇게 아프신데, 너는 집안 걱정은 않고 돌아다니기만 하는 게야? 아무래도 안 되겠다. 혼례를 치를 때까지 집 밖 출입을 삼가도록 해라. 물러가거라."

종일 세로를 기다린 어머니는 벌컥 화를 내셨습니다.

세로는 풀이 죽어 마당에 섰어요.

"돌쇠야, 가자."

"어디유? 집 밖에 나가지 말라는 말씀 못 들으셨슈?"

"말이 그렇지 뜻이 그러하냐. 마음이 허하구나. 어디든 가야겠다."

"이 밤중에 어디를……?"

깊은 밤 세로와 돌쇠는 마을 이곳저곳을 돌아다녔어요. 정처 없이 걷다 보니, 세로는 어느 댁 담장 아래에 서 있었어요. 세로 옆으로 아낙 둘이 지나가며 하는 소리가 들렸어요.

"이 댁 나리가 복만이네를 살렸다며?"

세로와 돌쇠의 귀는 아낙들의 이야기로 쏠렸어요.

"대단한 분이야. 아가씨도 워낙 책을 많이 읽어서 똑똑하기는 의원 저리 가라래."

"그나저나 오늘이 제삿날이라 아가씨 마음이 아프겠네."

아낙들이 지나가고, 돌쇠와 세로는 물끄러미 담장을 쳐다보았어요.

"돌쇠야, 여기가 정 진사 댁이라는구나. 게다가 오늘이 제삿날이라니……."

세로는 의미심장한 미소를 지으며 돌쇠를 보았어요.

"남의 집 제삿날에 책 보여 달라 청하실 참인감유? 아니면 이 밤에 담이라도 넘으실래유?"

돌쇠가 두 눈을 동그랗게 뜨고 물었어요.

"그렇지! 제삿날 함부로 찾아갈 수는 없지. 하지만 제사라면 한동안 사랑에는 아무도 없지 않겠느냐."

"도련님, 설마……?"

"쉿! 너는 궁금하지도 않느냐? 그 책 속에 뭐가 들어 있을지 말이다."

세로가 돌쇠를 부추겼어요.

"지는 하나도 안 궁금해유."

"책만 슬쩍 보고 나오면 괜찮을 게야. 어서 엎드리기나 해라."

세로는 돌쇠의 어깨를 툭치며 시원스레 말했어요.

"괜찮기는 뭐가 괜찮아유. 도련님, 아파유!"

세로는 돌쇠를 엎드리게 하고 담장에 매달렸어요.

"하나, 둘……, 아이쿠!"

세로는 담장 안으로 쿵 떨어졌어요.

# 출산 의례

출산이란 아기를 낳는 걸 말해요. 우리 조상들은 아기 낳는 일을 신성시 여겨 아기를 낳을 때뿐만 아니라 아기를 낳기 전에도 여러 가지 의식을 행했어요.

### 기자 의례

옛날 우리나라에서는 집안의 대를 잇는 것이 어버이에 대한 가장 큰 효도의 하나라고 여겨 아들 낳기를 간절히 바랐습니다. 돌부처의 코를 갈아 먹거나, 기자 바위에 빌고, 아들을 많이 낳은 집의 식칼을 얻어다가 작은 도끼를 만들어 몸에 지니기도 했습니다.

### 해산 의례

아기 낳을 때가 가까워 오면 아기 낳을 방 윗목에 깨끗한 쌀과 미역, 정화수를 준비하여 아기를 점지하고 보살피는 삼신에게 삼신상을 차려 놓았어요. 아기를 잘 낳기를 기원하며 시어머니나 친정어머니가 삼신에게 치성을 드렸습니다.

아기가 태어나면 금줄을 쳤어요. 금줄은 나쁜 귀신이나 낯선 사람이 함부로 집안에 들어오지 못하도록 치던 새끼줄이에요. 딸을 낳으면 숯과 솔가지를 매달고, 아들이면 고추와 숯을 매달았습니다. 그리고 삼신상을 차려 아기의 탄생과 순산을 삼신께 감사드리며 치성을 드렸어요.

### 세이레 의례

아기가 태어난 뒤 아기가 건강하게 자랄 수 있도록 삼신을 모십니다. 삼신을 모시는 기간은 집안에 따라 다를 수 있으나 대개 초사흘(3일), 초이레(7일), 두이레(14일), 세이레(21일)까지 모십니다. 세이레 때에는 금줄을 걷고 아기와 아기를 낳은 어머니는 바깥 사람들과 만나게 됩니다.

### ◆ 백일 의례

　아기가 태어난 지 100일째 되는 날에는 위험한 고비를 건강하게 넘겼다는 의미로 백일잔치를 베풀어요.

　백일 아침에는 흰밥과 미역국으로 삼신상을 차린 뒤 흰밥과 미역국, 하얀 실타래, 떡과 과일 등으로 백일상을 차렸어요. 백일잔치는 여러 가지 과일과 떡 등 음식이 풍성하게 차려지는데, 백설기와 수수경단은 빠지지 않습니다. 백설기는 아기가 깨끗한 몸과 마음으로 오래 살라는 뜻이며, 붉은 팥고물을 묻힌 수수경단은 아기에게 닥칠 불행을 막아 주기를 바라는 마음으로 만들어서 올렸습니다.

　백일이 가까워 오면 아기에게 이름도 지어 주었어요. 병이나 나쁜 기운이 오지 못하도록 '개똥이' 같은 천한 이름을 지어서 불렀답니다.

백설기는 100명의 사람들과 나누어 먹어야 한대.

# 돌의례

돌은 아기가 세상에 태어난 지 만 1년이 되는 생일이에요. 옛날에는 의학이 발달하지 못해 태어나서 1년 안에 죽는 아이들이 많았어요. 태어나서 첫 생일을 맞는 아이들은 어른이 될 때까지 살 수 있는 가능성도 커지기 때문에, 돌은 비로소 한 사람으로 인정받는 때였어요. 그래서 가족과 친지들이 한자리에 모여 오래오래 살라고 장수를 기원해 주었답니다.

## 돌빔

첫돌을 맞은 아이는 돌빔을 입어요. 남자아이는 풍차바지를 입고, 위에는 저고리와 까치두루마기, 전복을 겹쳐 입었어요. 발에는 타래버선, 머리에는 복건이나 호건을 썼지요.

여자아이는 고운 다홍치마에 색동저고리, 당의를 입었어요. 당의는 앞뒤가 무릎까지 내여오는 저고리예요. 머리에는 굴레라는 장식용 쓰개를 썼는데, 나중에는 굴레 대신 조바위라는 모자를 쓰기도 했습니다.

## 돌 상차림

돌잔치 때는 백일잔치에 비할 수 없을 만큼 큰상을 차려 줍니다. 떡과 과일이 주가 되는데, 쌀, 국수, 대추, 떡, 과일, 흰 타래실, 청홍 타래실, 돈, 책, 붓, 먹, 벼루, 활과 화살(여자아이는 실패와 자, 가위) 등을 올립니다. 떡은 주로 백설기, 수수경단, 찹쌀떡, 송편, 무지개떡, 인절미 등인데, 이 가운데에서도 백설기와 수수경단은 빼놓지 않고 올리지요. 돌상에 차리는 음식에는 아기의 장수와 복을 바라는 의미가 담겨 있습니다.

### 돌잡이

돌잔치에서 가장 중요한 의례가 바로 돌잡이예요. 남자아이 돌상에는 붓, 책, 활, 돈, 쌀, 실타래, 칼, 대추 등이 놓이고, 여자아이 돌상에는 바느질 도구인 바늘, 자, 가위, 골무 등이 올라왔어요. 아기가 건강하고 행복하게 일생을 보내기를 바라는 마음에서 좋은 의미가 담긴 물건들만 올리지요.

돌잡이는 가족과 손님들이 지켜보는 가운데 이뤄지는데, 처음 잡는 물건으로 아이의 장래를 점쳐 보기도 했습니다.

| | |
|---|---|
| 실타래 | 장수를 의미. |
| 책, 붓, 먹, 벼루 | 학문으로 이름을 떨친다는 의미. |
| 활과 화살 | 무예가 뛰어난 사람이 된다는 의미. |
| 자, 가위, 바늘 | 손재주가 뛰어난 사람이 된다는 의미. |
| 돈과 쌀 | 부유하게 산다는 의미. |
| 대추 | 자식을 많이 얻는다는 의미. |

### 돌떡 돌리기

돌잔치가 끝나면 이웃들에게 떡을 돌리는데, 되도록 많은 사람에게 주는 것이 좋다고 생각했습니다. 돌떡을 받은 사람은 떡을 담아 온 그릇에 실이나 반지, 쌀, 돈 등을 담아 보냈어요.

# 기회는 오늘뿐

진서는 손등으로 이마의 땀을 닦았어요. 제사를 도우러 온 마을 아낙들이 있었지만, 진서는 나물 하나 씻는 것도 모두 자기 손으로 하고자 했어요. 손수 고기를 굽고 전도 부쳤지요.

"아기씨는 좀 쉬셔요. 새벽부터 잠도 못 주무시고, 어쩌려고 그러세요."

진서는 미소를 지으며 대답했어요.

"만드는 이의 정성이 있어야 어머님도 기뻐하시지 않겠나."

"아가씨 정성을 따를 사람이 있을라고요."

마을 사람들은 진서의 효심을 침이 마르게 칭찬했어요. 매년 어머니 제사상만큼은 제 손으로 마련하는 것을 잘 알고 있었기 때문이에요.

그 시간에 세로는 사랑에 있었어요.

'잠깐 보기만 하는 건데 어때.'

마음은 단단히 먹었지만, 바스락 소리에도 가슴이 철렁 내려앉았어요.

세로는 조심스럽게 사랑으로 들어섰어요. 안에는 아무도 없었습니다. 사방의 벽이 모두 책으로 둘러싸여 있었어요. 바닥에도 책이 수북이 쌓여 있었지요. 사랑에 가득한 책을 보고 세로는 절망했어요.

"이 많은 책 사이에서 어찌 그 책을 찾는단 말이냐……."

세로가 한참 책을 살피고 있을 때였어요. 사랑채 마당에서 말

소리가 들렸어요. 정 진사와 그의 딸인 듯했습니다.

"진서야! 오늘은 네가 큰일을 했다. 네가 매일 밤 그 책을 열심히 읽더니 잘 기억하고 있더구나. 그나저나 이렇듯 똑똑하고 어여쁘게 자란 모습을 네 어머니가 보았다면 얼마나 기뻐했을지……."

"아버지……."

"백성을 위해 일하는 것이 우리 가문의 큰 뜻임을 너도 잘 알 것이다. 제사를 올릴 때마다 이 아비는 조상님의 그 뜻을 되뇌인단다."

"비록 제 힘이 미약하나, 저 역시 최선을 다할 것입니다. 만백성이 건강하고 행복하게 사는 것이야말로 가장 중요한 일이니까요."

"허허허, 역시 내 딸이로구나. 준비가 다 된 듯하니 이제 사당으로 가자꾸나."

귀를 쫑긋하고 두 사람의 말을 듣던 세로는 절로 고개를 끄덕였어요.

'대단한 아버지와 딸이로군. 저렇듯 큰 뜻을 품은 낭자가 있다니……. 그건 그렇고, 매일 밤 책을 읽는다면 그 책이 낭자의 방에 있다는 것인가?'

세로는 문 사이로 고개를 빼꼼히 내밀었어요. 다행히 밖에는 아무도 없었어요.

'낭자 방에 가면 그 책을 볼 수 있단 말이지.'

심장이 너무 세게 뛰어 세로는 손으로 가슴을 꾹 눌렀어요. 이제 곧 책을 볼 수 있다는 생각에 가슴이 콩닥콩닥했어요. 한밤중에 안채로 숨어드는 게 얼마나 위험한 일인지는 새카맣게 잊고 말이에요.

'기회는 지금뿐이야. 제사가 끝나기 전에 반드시 그 책을 찾아야 해!'

세로는 안채로 난 문을 지나 조심스럽게 댓돌을 딛었어요. 신을 양손에 쥐고 잽싸게 방으로 들어갔습니다.

방 안은 가지런하게 정돈되어 있었어요. 벽에는 빨간 장옷이 걸려 있고, 한쪽에는 책이 차곡차곡 쌓여 있었어요.

"낭자의 방이 맞군. 헌데 무슨 책이 이리 많담."

세로가 찾는 책은 떡하니 책상에 펼쳐져 있었어요.

"제사를 지낼 때는 조상의 뜻을……. 음, 예식에는 모두 깊은 뜻이 있구나. 이렇게 세세하게 기록해 놓으니 좋군. 초례상에는 살아 있는 닭을 놓는구나. 잘 묶지 않으면 닭이 도망칠 수도 있겠는데……."

세로는 초례를 치르는 신랑 신부가 당황하는 모습을 상상하며 킥킥 웃었어요.

세로는 시간 가는 줄 모르고 책을 한 권 한 권 훑어보았어요.

"2권 농사짓기, 5권 집 짓기……. 그렇다면 책이 모두 다섯 권이라는 말인데, 과연 임금님이 궁금해하실 만해."

세로는 또 다른 책을 펴 들었어요. 책에 홀딱 빠져서 제사가 끝난 줄도 모르고 시간을 보내고 있었지요.

"거참 신기하네. 어떻게 이리 되지? 여기서 이렇게 잡아당기면 올리는 데 힘이 덜 든다는 말인가?"

그때 세로 옆에서 나직한 목소리가 들려왔어요.

"땅이 잡아당기는 힘과 사람이 당기는 힘이 합해져 그런 것입니다."

"아하, 그렇구나! 그럼 이때 힘의 균형이 맞지 않으면 어찌 되려나?"

세로는 책에 깊이 빠져 방 안에 세로 혼자였다는 사실을 깜빡했어요. 세로는 대답을 들으려 고개를 돌리다가 기겁했어요. 눈 앞에 웬 여인의 얼굴이 있었습니다.

"으앗!"

세로는 귀신이라도 본 양 말더듬이가 되어 버렸어요.

"저, 저기 내가 여기 있는 것은……. 그저 책이 궁금해서……. 그러니까…… 채, 책은 다 보았으니, 나는 이만……."

세로는 어서 이곳을 빠져나가야겠다는 생각뿐이었어요. 하지만 곱게 보내 줄 진서가 아니었습니다. 세로는 진서가 내민 발에 걸려 엉덩방아를 찧고 말았어요.

"아이쿠!"

진서는 세로를 똑바로 쳐다보며 단호한 목소리로 말했어요.

"선비가 책을 훔치다니 부끄럽지도 않으십니까?"

"무슨 소리요, 책을 훔치다니?"

진서가 세로의 가슴께를 손가락으로 가리켰어요. 세로는 가슴에 꼭 품고 있던 책을 내려다보았습니다. 마침내 책을 찾게 된 것이 너무 기뻐서 잠시 품어 본 것이었는데, 도둑으로 몰려도 할 말이 없는 상황이 되고 말았어요.

"이 책이 어떤 책인 줄 알고……!"

"내가 그러니까 책을 읽다 보니 내용이 너무 훌륭하여……."

"좋으면 훔쳐도 된다, 그 말씀입니까?"

"그게 아니오. 나 또한 이 책을 중히 여기는 분께 보여 드리고자 했을 뿐이오!"

세로는 자기도 모르게 소리를 질렀어요. 그러자 진서는 책을 빼앗아 들고 호통을 쳤어요.

"이 책이 어떤 책인지 아십니까? 가난하고 무지한 백성들에게 조금이나마 도움이 되라고 만든 책이란 말입니다."

세로는 머리를 긁적였어요.

"그렇소? 무지한 백성을 위한, 그러니까 평민의 아이도 공부를 해야 한다는 낭자의 그 말과도 관련이 있소?"

"그, 그 일은 어찌 아십니까?"

"지난번에 서당 앞에서 보았소. 꿀단지를 들고 그리 말하지 않았소."

"예? 그럼 그때부터 이 책을 노렸단 말입니까?"

진서는 큰 눈을 동그랗게 뜨고 앙칼지게 물었어요.

"그건 오해요. 산모를 구했을 때, 그때 밖에서……."

"그 자리에도 계셨다고요?"

"아니, 그게 아니고……."

세로는 손을 내저었지만, 말을 하면 할수록 진서의 의심만 키울 뿐이었습니다.

"밖에 누구 없느……!"

진서가 소리치자, 세로가 진서의 발 앞에 넙죽 엎드렸어요.

"제발 내 말을 들어 주시오. 듣고 난 뒤에 소리를 치려거든 치시오. 나도 이유가 있단 말이오!"

"이유라니요? 이 책은 어리석은 백성이 작은 실수로 목숨을 잃지 않도록, 가난한 백성이 조금이나마 나은 삶을 살도록 돕기 위해 만들어진 책이란 말입니다. 어찌하여 선비님께서는 소용도 없는 이 책을 탐하십니까?"

이런 상황에 임금님이 이 책을 찾으신다는 말은 할 수가 없었어요. 세로는 다른 변명 거리를 생각해야만 했습니다.

"그게……, 그러니까. 알겠소! 내 훔치지 않을 터이니 베끼는 것은 허락해 주시오."

세로는 진서의 치맛자락을 붙잡고 간절히 빌었어요.

제사는 돌아가신 조상에게 음식을 바치어 정성을 나타내는 의례예요. 옛날 사람들은 돌아가신 조상들을 잘 모셔야 자손들이 복을 받고 잘 산다고 믿었어요. 그래서 정성을 다해 제사를 모셨습니다. 제사를 지내는 시간은 대략 밤 11시 30분에서 12시 사이로, 조상이 돌아가신 날의 첫 새벽에 지냈습니다.

### ◆ 제사의 종류

'기제사'는 매년 조상이 돌아가신 날에 지내는 제사예요. 부모님, 할아버지와 할머니, 증조할아버지와 증조할머니, 고조할아버지와 고조할머니까지 4대 조상들의 제사를 모시는 것으로, 모두 8번의 제사를 지냅니다. 5대 조상부터는 해마다 음력 10월에 제사를 지내는데, 이를 '시제'라고 하지요.

이 밖에도 계절마다 지내는 '사시제', 자기 성씨의 시조에게 지내는 '시조제', 조상의 무덤에서 지내는 '묘제', 설날과 추석에 지내는 '차례' 등이 있어서 1년에 적어도 열 번 넘게 제사를 지냈습니다.

### ◆ 제사 지내는 순서

먼저 사당에서 신주를 모셔 와 대청마루에 모시고 조상의 넋을 부르기 위해 향을 피웁니다. 그 뒤 모인 사람들 모두 두 번 절을 하고, 첫 잔을 올립니다. 축문을 읽고 다음 잔을 올립니다. 다시 세 번째 끝잔을 올리고, 첨잔(술을 더 드림)을 합니다. 밥에 숟가락을 꽂아 음식을 드리고 잠시 문 밖에서 기다리거나 상 앞에 무릎을 꿇고 기다립니다. 숭늉을 올리고 수저를 거둔 뒤 마지막 절을 합니다. 그런 다음 지방과 축문을 불태우면 제사가 모두 끝납니다. 제사가 끝나면 제사에 참석한 사람들과 제사를 준비한 사람들이 모여 제사 음식을 나누어 먹습니다.

### 🔶 상차림

제사 음식은 정성을 들여 정갈하게 만들었어요. 화려한 색과 냄새가 심한 음식은 피하고, 음식은 짝을 맞추지 않고 홀수로 만들어 올립니다. 복숭아나 팥은 귀신을 쫓는다고 해서 상에 올리지 않았어요.

상을 차릴 때는 먼저 신주(죽은 사람의 넋이 담긴 위패)를 가장 앞에 놓아요. 첫 줄에는 밥과 술, 국을 놓고, 둘째 줄에는 적(생선이나 고기를 대꼬챙이에 꿰어서 양념하여 불에 구운 음식)과 전(재료에 밀가루를 묻혀서 부친 음식)을 놓습니다. 셋째 줄에는 탕을 올리며, 넷째 줄에는 포와 나물을 차리고, 다섯째 줄에는 과일을 놓습니다.

이때 조심할 것은 식혜나 생선, 붉은색 음식은 동쪽에 올리고, 포와 고기, 흰색 음식은 서쪽에 놓아야 합니다. 생선의 경우 머리는 동쪽, 꼬리는 서쪽, 생선의 배는 신주 쪽으로 놓는 것이 상차림의 원칙이랍니다.

조상님들이 흡족해하셔야 할 텐데!

# 다시 만난 울보

그날부터 세로는 밤마다 필사를 했어요.

"여기 이 글자가 틀리지 않았습니까! 그림을 이렇게 엉터리로 그리면 나중에 어찌 알아봅니까?"

필사하는 내내 진서의 지적이 이어졌어요. 그림이 틀렸다, 글자가 빠졌다……, 하루도 그냥 넘어가는 날이 없었습니다.

"알겠소. 제대로 할 테니 그만 좀 혼내시오."

세로는 투덜거리면서도 열심히 책을 옮겨 적었어요. 그 내용이 신기하기도 하였거니와 임금님께 빨리 책을 보여 드리고 싶었어요. 그리고 무엇보다 진서와 함께 작업하는 것이 즐거웠습니다.

  그날도 세로는 틈틈이 진서의 구박을 받으며 필사에 매달리고 있었어요. 주르륵, 코에서 따뜻한 것이 흘러나왔습니다. 코피였어요.

  "괜찮으십니까?"

진서는 걱정스레 묻는 듯하더니 책꽂이의 책을 뽑아서 읽기 시작했어요.

"내가 코피 흘리는 것이 보이지도 않소? 사람이 어쩌면 그리 매정하시오!"

진서는 빙그레 웃더니, 세로 옆으로 와서 책을 펼쳤어요. 그러고 나서 책에 쓰인 대로 콧등을 누르고 지혈을 했어요. 잠시 뒤 거짓말처럼 코피가 멈추었습니다.

"난 또 그런 줄도 모르고, 하하하!"

세로와 진서는 마주 보고 웃었어요.

"낭자, 이런 것 좋아하시오?"

세로는 미리 준비했던 빨간 꽃을 내놓았어요.

"이것이 무엇입니까?"

"낭자를 보면 생각나는 꽃이라오."

진서는 부끄러워하며 꽃을 받았어요. 세로는 짐짓 헛기침을 했어요.

"흠흠. 내 필사는 처음이라 이것저것 서툴지만, 나 또한 잘하는 것이 많다오. 성균관 유생들도 듣다가 기절한 전설의 개구리 소리를 들어 보겠소?"

"개구리요?"

"개굴, 개굴! 팔짝, 팔짝!"

세로는 입으로 소리까지 내며 뜀을 뛰었어요.

그런데 배꼽이 빠지게 웃을 줄 알았던 세로의 생각과는 달리, 진서의 눈가에 촉촉이 물기가 맺혔어요.

"아니, 왜 그러오? 울기라도 하는 거요?"

진서가 고개를 돌렸어요.

"어머님이 돌아가셨을 때 저를 위로해 주던 소년이 떠올라 그만······."

'설마······.'

세로는 얼마 전 진서네 집의 제삿날이 떠올랐어요. 십여 년 전, 부음이 있던 그날도 꼭 이맘때였습니다. 세로는 진서를 붙잡고 물었어요.

"내가 열 살 적에, 부음을 받고 아버님을 따라나선 적이 있었

소. 그 댁에서 어린 여자아이가 지붕에 올라가 돌아가신 어머니를 부르는 것을 보았는데……. 꼭 낭자처럼 하얀 얼굴을 한 꼬마였소. 그 아이를 아시오?"

진서는 고개를 끄덕였어요.

"그때 작약 사이에 앉아 있던 여자아이, 그리고 그 앞에서 개구리뜀을 뛰었던 남자아이도 기억나시오?"

진서는 울먹이며 고개를 끄덕였어요.

'죽은 엄마를 목 놓아 부르던 그 아이……. 그 아이가 진서란 말인가?'

세로는 당황한 한편 너무 기뻤어요. 진서의 얼굴을 뚫어져라 쳐다보았어요.

"진짜 그 울보 맞소?"

"정말 개구리뜀을 뛰던 그 도련님이 맞으십니까?"

"그렇소, 내가 방귀도 뀌지 않았소."

"믿을 수가 없습니다."

"그러게 말이오. 그 울보 꼬마가 이렇듯 크다니!"

정말 믿어지지 않는 일이었어요. 이름도 못 묻고 헤어졌던 그 꼬마가 지금 세로의 눈앞에 있다니요. 세로는 이것이 꿈이 아닌가 싶었습니다.

"그때 손 때 묻은 떡을 주셨지요?"

"때는 안 묻혔소!"

진서는 고개를 돌리며 피식 웃었어요.

"이런, 울다가 웃으면 엉덩이에 뿔이 난다던데."

"예?"

진서는 귀엽게 눈을 흘겼어요.

"이런 인연이 있다니. 하하하!"

둘은 그간의 안부를 물으며 두런두런 이야기꽃을 피우다 깜빡 잠이 들고 말았어요.

"진서야, 방에 있느냐?"

진서는 화들짝 놀라 잠에서 깨었어요. 책상에 엎드려 있는 세로를 흔들어 깨운 뒤, 병풍 뒤로 밀어 넣었지요.

"아버님, 들어오십시오."

진서는 서둘러 책상을 정리하고 아버지를 모셨어요.

"밤이 깊은데 아직 책을 읽고 있었구나."

"예."

"이 아비가 백성을 위하는 일에 힘을 쏟느라 너를 못 챙기고 있었구나. 네가 벌써 혼기가 찼을 줄이야……. 얼마 전에 혼담이 들어왔단다. 아주 좋은 혼처란다."

"예……?"

"잘생긴 청년이고 관직도 받았다 하니, 나쁘지 않을 게야. 조금 엉뚱하다는 말이 있지만……. 진서야, 무엇보다 네 마음이 중요하니 잘 생각해 보거라."

아버지는 잠시 진서의 어깨를 토닥인 뒤 방을 나가셨어요.

"우당탕탕!"

병풍 뒤에 숨어 있던 세로가 갑자기 몸을 벌떡 일으키는 바람에 병풍이 쓰러졌습니다. 당황한 진서는 다급히 병풍을 일으켜 세웠어요.

"조심하십시오. 아버님이 눈치 채시면 어쩌려고……."

"혼담을 받으니 기분이 좋으시오?"

세로는 따지듯이 물었어요.

"예? 기분이 좋다니요?"

"나야말로 매일 혼담이 들어오는 것을 마다하고, 이렇듯 나라를 위해 일하고 있는데!"

"무슨 말씀이십니까? 저야말로 백성을 위해 지어진 책을 선비님의 사심을 위해 필사하고 있는 걸요! 헌데 선비님은 그마저도 계속 틀리시지 않습니까!"

진서도 지지 않고 대꾸했어요.

"다 그만두겠소. 이게 다 무슨 소용이란 말이오!"

"뜻이 정 그러하시다면 어쩔 수 없지요. 필사는 이쯤에서 멈추십시오!"

"그럴 것이오. 낭자는 맘 편히 혼인 준비나 하시구려."

마음이 상한 세로는 방을 뛰쳐나왔어요.

"에잇!"

세로는 애꿎은 돌멩이를 걷어찼어요. 달덩이 같은 진서의 얼굴을 지우려고 애써 고개를 저어 보지만 그럴수록 더욱 또렷이 생각나는 통에 마음만 어지러웠습니다.

"설마 혼담을 받아들일 생각은 아니겠지? 이를 어쩌나!"

# 신랑이 와요

"지금 오는 게냐? 혼담이 오가는 중에 행동거지를 조심하지 않고 밤도깨비마냥 어디를 쏘다니는 게야?"

무거운 마음으로 대문을 들어서는데, 부모님이 마당에서 세로를 기다리고 계셨어요.

"아버님, 몸도 불편하신데 이 밤중에……."

"그런 걸 알면서 이리 늦어? 네 걱정에 누워 있지도 못하고 이리 나온 게 아니냐!"

"그런 게 아닙니다, 아버님."

세로는 무슨 핑계를 대야 하나 머릿속이 복잡했어요. 하지만 작정하고 기다린 아버지에게 통할 리가 없었지요.

"잔소리 마라. 이제부터 네 혼인은 집안의 뜻대로 할 테니 그런 줄 알거라."

'이 정도면 하란 대로 하겠지. 내가 꾀병까지 피우면서 이 혼사를 성사시키려고 하는데 말이야.'

아버지는 속으로 생각했어요.

하지만 이런 아버지의 마음을 모른 채, 세로는 애가 타서 죽을 지경이었습니다.

"안 됩니다! 얼굴도 모르는 처자와 혼인하기는 싫습니다. 게다가 제게는 마음에 둔 규수가 있습니다."

세로는 자기도 모르게 외쳤어요.

"안 되긴! 이 불효막심한 녀석! 이 애비 마음을 그리 모르

겠……. 뭐라, 마음에 둔 규수가 있어? 그게 누구란 말이냐?"

세로는 마음을 다지고 말했어요.

"정 진사 댁의 여식이옵니다."

"네가 그 아이를 어디서 만났단 말이냐?"

아버지는 깜짝 놀란 눈치였어요.

'이럴 수가……. 지성이면 감천이라더니, 내가 꾀병까지 앓으며 혼사를 치르고자 하니 하늘이 돕는구나.'

"그게 저……."

"지금 오가는 혼담이 바로 진서와 너의 혼담이다. 그런 줄도 모르고 그리 밖으로 돌다니……."

"정말입니까, 아버님?"

세로는 너무 기뻐서 팔짝 뛰어오를 뻔했어요.

"아버님, 잠시 다녀올 곳이 있습니다. 곧 돌아오겠습니다."

그러고는 밖으로 달려 나갔어요.

"내가 꾀병을 부린 보람이 있구려, 부인."

"어린 줄만 알았던 세로가 벌써 규수를 마음에 두다니, 저는 서운합니다."

"서운하긴, 허허!"

세로의 아버지와 어머니는 다정하게 손을 잡고 세로가 뛰어나간 문을 흐뭇하게 바라보았어요.

세로는 바람같이 달려 정 진사 댁에 도착했어요. 그러고는 훌쩍 담을 넘어 진서의 방으로 갔어요.

"무슨 일이십니까?"

진서는 아직도 화가 풀리지 않았는지 팩 쏘아붙였습니다.

"이제부터 필사는 모두 낭자가 해 주시오. 전-부, 평-생."

"예?"

"부디 내 청을 받아 주시오. 내 남은 평생을 그대와 함께하고 싶소."

진서는 얼굴을 붉히고 웃을 뿐 아무 말도 하지 않았어요.

"내가 낭자를 지키고, 나라를 지키고, 만백성을 지키겠소."

진서는 보일 듯 말 듯 살짝 고개를 끄덕였어요.

"내 청혼을 받아 준 것으로 알고 물러가겠소. 이제 나는 혼례 준비로 정신이 없을 테니 나머지 필사는 그대가 맡아 주시오."

진서는 세로의 뒷모습을 보고 가슴이 두근거렸어요. 조금은 엉뚱하고 막무가내이지만 순수하고 용기 있는 세로에게 마음을 빼앗긴 지 오래였거든요.

봄이 완연하여 나무마다 꽃을 피우고 논밭에도 들에도 파릇파릇 새순이 돋던 어느 날, 세로는 말을 타고 진서의 집으로 향했어요.

돌쇠가 세로의 말머리를 붙잡고 외쳤어요.

"물렀거라!"

그러자 마중 나왔던 마을 아이들이 신이 나서 외쳤어요.

"신랑이 와요! 신랑이 와요!"

아이들은 세로를 호위하듯 정 진사 댁으로 가는 길까지 따라붙었어요.

뻔질나게 오가던 길이었지만 오늘만큼은 모든 것이 새롭게 느껴졌어요. 가슴도 마구 뛰었어요. 세로의 벅찬 마음이 전해졌는지 정 진사 댁 앞에 이르자 말이 크게 울었습니다.

정 진사 댁 마당은 마을 사람들로 북적였어요. 그 사이를 가르며 세로가 힘차게 걸어 들어갔습니다. 세로는 안채 쪽을 힐끔 쳐다보았어요.

"여기를 밤마다 오가던 누가 있었는디, 혹시 아시남유?"

돌쇠가 세로에게만 들리도록 말을 건넸어요.

"아주 잘생기고 용감한 선비가 아니더냐. 하하!"

세로와 돌쇠는 둘만 아는 농담을 나누었어요. 그동안 필사를 하려고 이 담을 넘었던 때를 생각하니, 아직도 가슴이 콩닥콩닥 뛰고 조마조마했습니다.

기럭아비가 신부댁 어른에게 나무 기러기를 전했어요. 이제 본격적인 혼례가 시작되는 것이었지요.

사모관대를 한 세로는 가슴을 쫙 펴고 의젓하게 서 있었어요. 자기도 모르게 어깨가 들썩거리고 덩실덩실 춤이라도 출 것 같은 기분이었습니다.

신랑 얼굴을 보던 마을 아낙이 큰 소리로 농담을 했어요.

"신랑이 웃네. 아이고, 이런 날 신랑이 웃으면 어째?"

"뭘 어째, 딸 낳겠구먼. 첫딸은 살림 밑천이라던데."

진서는 족두리를 쓰고 원삼을 입었습니다. 연지곤지를 찍고 아름답게 수놓인 한삼으로 두 손을 가렸어요.

"선녀 같구먼유!"

돌쇠가 소리쳤어요. 마을 사람들이 너도나도 신부가 예쁘다, 신랑이 멋있다, 한마디씩 했어요.

초례상을 가운데 두고 신랑과 신부가 마주 섰어요. 이제 두 사람이 한마음 한뜻이 된다는 예를 갖출 차례예요.

초례상 위에는 촛불 한 쌍과 흰 쌀이 두 그릇, 감과 대추가 수북이 쌓여 있었어요. 살아서 꼬꼬댁거리는 닭 한 쌍도 놓여 있었고요.

세로는 달덩이처럼 예쁜 신부 얼굴이 보고 싶어 얼굴 가리개를 내리고 자꾸만 신부 얼굴을 엿보았어요. 하지만 진서는 눈도 한 번 마주치지 않았습니다.

'나는 이리도 가슴이 뛰고 얼굴이 보고 싶은데, 낭자는 어쩌면 저리 침착하담!'

그때 초례상에 있던 닭 한 마리가 푸드덕댔어요. 닭이 풀려나는 걸 본 사람은 세로뿐인 것 같았어요. 누구도 상 위의 닭에 관심을 두지 않았습니다.

"돌쇠야!"

세로가 급히 돌쇠를 찾았어요. 돌쇠는 마을 사람들 사이에서 떡을 집어 먹고 있었어요.

"도련님, 왜유?"

돌쇠가 세로의 눈길을 쫓아 보니, 초례상에 놓인 닭이 푸드덕거리고 있었습니다. 닭을 감싼 보자기가 제대로 묶이지 않은 모양이었어요. 닭이 꿈틀꿈틀하더니 오른쪽 날개가 보자기 밖으로 나왔어요.

"아이고, 닭!"

돌쇠가 달려 나왔으나 상 위의 닭을 붙잡기에는 시간이 부족해 보였어요.

진서도 닭이 풀려나는 것을 보았어요. 고개를 들고 눈을 동그랗게 뜨고 있었지요.

세로가 책을 보며 상상했던 그 일이 벌어지는 걸까요? 닭이 초례상을 휘젓고 다니면 혼례가 엉망이 되고 말 거예요.

다음 순간 닭이 두 날개를 보자기 밖으로 빼냈어요. 곧 날개를 퍼덕여 몸통마저 빠져나올 기세였어요.

그 순간 진서가 손에 두르고 있던 한삼을 날렸어요. 한삼은 허공을 가르고 날아가서 닭을 덮어씌웠어요.

세로도 가리개를 내던지고 닭에게 달려들었지요. 신랑과 신부가 초례상 위에서 발버둥치는 닭을 붙잡았어요. 코가 닿을 만큼 가까이서 둘은 마주보았어요.

"괜찮소, 낭자?"

세로는 연지곤지를 찍은 진서의 어여쁜 얼굴을 쳐다보았어요. 진서는 수줍게 고개를 돌렸어요.

그 모습을 본 마을 사람들이 크게 웃으며 한마디씩 했습니다.

"아이고, 닭 덕분에 신랑 신부가 벌써 얼굴을 보았구먼."

"이를 어째! 신부가 부끄러워 어쩔 줄을 모르네."

"신랑 신부 마음이 잘 맞기도 하지. 도망치는 닭을 용케도 잡

앉네."

 모여 섰던 마을 사람들과 문중 어른들 모두 기분 좋게 웃었어요. 혼례가 엉망이 되는 줄 알고 걱정이 태산 같았던 집안 어른들도 한시름 놓았습니다. 마을 사람들의 짓궂은 농담으로 분위기가 한층 화기애애해졌거든요.

 뒤늦게 달려온 돌쇠와 하인들이 초례상을 정리하고 닭을 꽁꽁 묶어 다시 제자리에 올려놓았어요.

 세로는 기분이 좋았어요. 닭이 풀려 혼례가 엉망이 되는가 싶었는데 오히려 더 큰 축하를 받게 되었기 때문이지요. 진서의 또랑또랑한 눈동자도 보았고, 처음으로 손도 잡아 보았는걸요. 어젯밤까지 필사를 하였기에 진서의 손에는 먹물 자국이 남아 있었지만 세로 눈에는 그조차도 예쁘게만 보였습니다.

 다시 식이 시작되었어요. 진서와 세로는 옷을 단정히 한 뒤, 초례상을 가운데 두고 마주 섰어요.

진서가 세로를 향해 절을 했어요. 세로도 진서에게 절을 했어요. 서로 절을 주고받는 것은 평생토록 서로 존경하고 존중하겠다는 뜻이에요.

혼례의 순서에 따라 둘은 표주박 바가지로 술을 나누어 마셨어요. 하나의 표주박을 둘로 나눈 이 바가지는 신랑과 신부가 이 세상에 단 하나밖에 없는 짝이며, 이제 한마음 한뜻이 된다는 의미랍니다.

신랑과 신부가 술을 나누어 마시고 나자, 사람들은 모두 박수를 쳤어요. 이제 두 사람은 평생 서로 돕고 의지하는 부부가 되었습니다.

세로는 가슴이 벅차올랐어요. 아버님의 병환이 씻은 듯 나았고, 평생 믿고 의지할 아내도 얻었으니까요. 그리고 임금님께 보여 드릴 책도 찾았고요. 세로는 세상을 다 가진 듯 행복했습니다.

세로는 진서를 가마에 태우고 한양을 향해 출발했어요. 아버님의 소원을 들어 드렸으니, 이제 임금님께 충성을 다해야지요. 서책을 보시고 흐뭇해하실 임금님을 생각을 하니 한시라도 빨리 한양에 다다랐으면 싶었어요.

과연 세로와 진서는 한양까지 무사히 갈 수 있을까요? 한양에서는 어떤 일이 세로를 기다리고 있을까요?

# 혼례

혼례는 남녀가 하나로 합쳐져 부부의 인연을 맺는 일생일대의 중요한 의식이에요. 부부가 된다는 것은 조상의 제사를 지내고 자손을 이어 가문의 대를 잇는다는 의미로, 관혼상제 가운데서 가장 경사스러운 의례로 생각되어 왔습니다. 혼인이란 남녀 두 사람의 기쁨뿐만이 아니라 가정이라는 공동 생활을 통해 사회 발전의 원동력이 된다는 측면에서도 중요한 의의가 있습니다.

## ◆ 혼례의 과정

혼례는 집안과 집안을 잇는 중요한 의례였기에 양쪽 집안의 부모님이 모든 일을 맡아 진행했습니다. 마음에 드는 혼처가 있으면 남자 쪽 집안에서 여자네 집으로 사주를 보냅니다. '사주'란 그 사람이 태어난 해, 월, 일, 시간을 말합니다. 남자의 사주를 받으면 여자 집에서 궁합을 보고 혼인을 결정합니다.

신부 집에서는 혼인 날짜를 택해 신랑 집에 알리는데 이것을 '택일'이라고 합니다.

혼인이 결정되면 신랑 집에서는 신부 집으로 함을 보냅니다. 함은 신랑 집에서 신부에게 보내는 선물 상자로, 함 속에는 검은 비단으로 싼 혼서와 채단, 혼수를 넣습니다. 혼서는 신부를 아내로 맞아 평생을 함께 살겠다는 신랑의 약속이 담긴 문서이고, 채단은 신부에게 주는 옷감이에요. 혼수는 신랑의 부모가 신부에게 주는 선물로, 금가락지, 금비녀 등을 형편에 맞게 보냅니다.

며칠 뒤 혼인날이 되면 신랑과 신랑 집 손님들이 신부 집으로 와서 혼례식을 치르는데, 혼례식은 초례, 대례, 교배례, 합배례의 순으로 진행됩니다.

신랑 신부는 혼례를 마치고 신부 집에서 3일을 지낸 뒤, 신랑 집으로 갑니다. 이를 '신행'이라고 합니다.

신부가 신랑 집에 도착하면 시부모님께 인사하고 선물을 드리는 '폐백'을 합니다. 이때 시부모는 며느리 치마에 밤과 대추를 던져 주는데, 자식을 많이 낳고 오래

살라는 뜻이에요.

　시부모님과 시댁 어른들께 인사를 마치고 나면 시댁의 사당에 가서 조상님들께 인사를 올립니다. 그리고 사흘이나 일주일이 지나면 신부는 신랑과 함께 다시 친정에 인사를 드리러 가는데, 이 모든 절차를 마쳐야 혼례가 끝나는 것이었어요.

## ◆ 혼례복

　혼례식 날, 신랑은 사모관대를 하고 신부는 원삼에 족두리를 썼어요. 생애 가장 경사스러운 날인 만큼 최고로 예우하기 위해 남자는 벼슬아치가 입는 옷을 입고, 여자는 궁궐에서 입는 옷으로 치장을 했답니다.

　사모관대의 사모는 검은색 얇은 비단인 '샤'로 만든 모자라는 뜻인데, 벼슬을 못한 서민 남성들도 혼례식 때만큼은 이 사모를 쓸 수 있었어요. 관대란 허리에 차는 띠를 말합니다.

　원삼은 소매가 넓은 궁중의 예복이며, 족두리는 오색 빛깔 칠보 장식으로 화려하게 꾸민 관으로, '화관'이라고도 합니다.

## ◆ 나무 기러기의 의미

　혼례를 올릴 때 신랑이 신부 집에 도착하여 혼례의 첫 의식으로 나무 기러기를 신부 집에 전해 주는데, 이때 주는 나무 기러기에는 신랑과 신부가 평생 서로 사랑하며 행복하게 살 것을 바라는 마음이 깃들어 있습니다.

　기러기는 한 번 맺은 짝과 평생을 함께한다고 해서 예로부터 우리 조상들은 혼례식 때 기러기를 예물로 주고받았습니다.

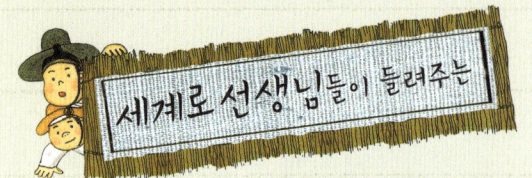

# 관혼상제 이야기

세로와 함께한 관혼상제 이야기 재미있었나요?

사람은 태어나서 죽을 때까지 많은 의식을 치러요. 태어나고 백일이 되면 백일잔치를 하고, 1년이 되면 돌잔치를 치르지요. 또 어느 정도 자라면 어른이 되는 의식을 행하고, 어른이 된 뒤에는 좋은 짝을 만나 혼례를 올립니다. 그렇게 긴 인생을 살다가 60번째 생일이 되면 환갑잔치를 열어 무사히 살아온 인생을 축하하고, 더 나이가 들어 세상을 떠나면 남은 가족들이 장례를 치르고, 그 뒤로는 제사를 지내 줍니다.

이처럼 살아가면서 누구나 겪는 일을 일생 의례라고 하며, 이 가운데 **특히 중요하게 여긴 관례, 혼례, 상례, 제례를 일컬어 '관혼상제'라고 부릅니다.**

관례와 계례는 아이에서 어른이 되는 성인식으로, 상투와 비녀를 꽂는 의식을 통해 어른이 됨을 알렸어요. 혼례는 남녀가 만나 혼인을 하는 의례인데, 사람이 살면서 치르는 가장 큰 행사였습니다. 상례는 죽은 사람을 떠나보내는 의식으로, 살아 계실 때도 효도를 하지만 돌아가신 뒤에도 정성을 다했어요. 제례는 돌아가신 조상들께 음식을 바치고 정성을 다하는 의식이에요.

우리의 조상들은 이런 행사를 통해서 **가족과 친지, 이웃들과 함께 기쁨과 슬픔을 나누었습니다.** 옛사람들은 관혼상제를 거치면서 가족과 자기가 속한 사회에서 책임을 다했어요. 이 책을 읽다 보면 개인보다 가족과 이웃, 사회가 서로 어울려 공동체를 이루는 것을 중요하게 여겼던 조상들의 마음가짐을 배울 수 있을 거예요.

　그 절차와 형식은 달라졌지만, **오늘날에도 관혼상제의 풍습은 이어져 오고 있습니다.** 세로가 살았던 조선 시대와 비교해 오늘날의 관혼상제 의례가 어떻게 달라졌는지 알아보고, 그 안에 살아 숨쉬는 우리 조상들의 역사와 문화, 지혜를 배울 수 있는 좋은 기회가 되었으면 합니다.

**사진 출처**

18-19 상복, 상여, 서낭당_(주)미래엔
34-37 기우제, 산신제, 풍어제, 탑신제, 은산 별신제_연합포토
83 제사상_대가제사(www.daegajesa.com)

## 이선비, 혼례를 치르다

**펴낸날** 2012년 10월 30일 초판 1쇄, 2025년 7월 10일 초판 14쇄
**지은이** 세계로 | **그린이** 최헌묵
**펴낸이** 신광수 | **출판사업본부장** 강윤구 | **출판개발실장** 위귀영
**아동인문파트** 김희선, 설예지, 이현지 | **출판디자인팀** 최진아, 박지연
**출판기획팀** 정승재, 김마이, 이아람, 전지현
**출판사업팀** 이용복, 민현기, 우광일, 김선영, 신지애, 허성배, 이강원, 정유, 정슬기, 정재욱, 박세화, 김종민, 정영묵
**출판지원파트** 이형배, 이주연, 이우성, 전효정, 장현우
**펴낸곳** (주)미래엔 | **등록** 1950년 11월 1일 제16-67호 | **주소** 서울시 서초구 신반포로 321
**전화** 미래엔 고객센터 1800-8890 | **팩스** 541-8249 | **홈페이지 주소** http://www.mirae-n.com

ⓒ세계로 2012

ISBN 978-89-378-8557-0 74910
ISBN 978-89-378-4587-1 (세트)

KC 마크는 이 제품이 공통안전기준에 적합하였음을 의미합니다.
사용 연령: 8세 이상